시울림 오중주

시울림 오중주

울림 詩 모음

계간문예

| 발간사 |

미래사회는 상상력이 지배하는 시대이다. 그 상상력을 이끌어 가는 사람이 시인이다. 과학 기술과 경제도 상상력과 밀접한 관계가 있다. 인문학은 결코 죽지 않고 싱싱하게 살아남아 우리 사회에 큰 감동과 기쁨을 안겨 주리라고 믿는다.

중국의 진수陳壽가 편찬한 《삼국지三國志》 동이전東夷傳을 보면, 부여夫餘의 영고迎鼓, 고구려高句麗의 동맹東盟 등 하늘에 제사 지내는 의식이 있는데, 이 의식에서 백성들은 노래를 부르고 춤을 추었다고 한다. 하늘에 제사를 지내는 의식에서 노래와 춤이 함께 어우러져 있었다는 것은 시, 노래, 무용의 양식이 각각 분화되기 이전 원시종합예술의 형태로 존재했음을 말해 준다. 여기에서 시, 음악, 무용이 분화되어 오늘날의 예술이 되었다.

문자가 생겨나기 이전 원시시대에는 소리나 몸짓으로 서로 소통하였다. 그게 진화하여 오늘날의 시낭송이 되었다. 예술의 꽃은 문학이고, 문학의 꽃은 시다. 시낭송은 꽃을 아름답게 피우고 가꾸는 하나의 방법이다. 예술은 시대에 따라 변해 가며 발전한다. 그 시대적 분위기에 빠르게 맞춰 나갈 수 있어야 한다. 시낭송은 종합예술의 형태로 발전해 가고 있기 때문에 전체적인 조화를 이루는 것이 중요하다. 요즘은 시낭송이 대세이다.

시낭송은 시의 대중화에 가장 앞서 가는 시의 성장판이며 동력이다. 전국 도처에서 크고 작은 시낭송대회가 열리고, 그런 행사를 통해 수많은 전문 시낭송가가 배출되고 있다. 계간문예도 한 달에 한 번씩 책읽기 한마당에서, 또 정기 시낭송회를 통해 시낭송 보급에 선두주자로 나서고 있다.

시낭송을 통해 시의 의미와 가치를 높이고, 시의 대중화에 이바지하며, 시를 보급하는 길이라는 생각으로 《계간문예》에서는 지난 2016년 봄호(43호)부터 지금까지 전문 시낭송가의 추천을 받아 매호 애송시를 게재하고 있다. 때가 되면 시낭송집을 엮을 계획이다. 이번에 발간하는 《시울림 오중주》도 그 기획의 일환이다. 참여해 주신 강우식 시인, 김창완 시인, 차윤옥 시인, 강외숙 시인, 금동원 시인께 고마움과 축하의 마음을 전한다.

2017년 11월

정종명 (소설가 · 계간문예 발행인)

차례

하모니카를 꺼내 쓸쓸히 문대보는 묵음默音의 하루

그대가 때리지 않으면
나는 울지 못하는 북입니다

내 뼈에 구멍 뚫어
피리를 불어 줄 사람은 누구일까

첼로의 사랑이여,
안단테 칸타빌레 풍으로 노래하자

강외숙

나는 한밤중에 깨어나
고장난 섹소폰을 고치는 사람

강우식

하모니카를 꺼내 쓸쓸히 문대보는 묵음默音의 하루

1941년 강원도 주문진 출생
1963년〈현대문학〉 초회추천
2007년 성균관대학교 시학교수 정년
시집 《사행시초》, 《하늘 사람人 땅》 등 다수
시론집 《절망과 구원의 시학》 등 다수
수필집 《사랑을 찾아서》 등 다수
수상 현대문학신인상, 윤동주문학상, 김만중문학상 대상 등 다수
대만정치대학 한문조 교환교수
중학교 교과서에 〈어머니의 물감상자〉 수록

종이학

오대산 월정사에서 상원사 사이
전나무들은 부처님의 허리처럼 곧추 서 있고
월정사 석탑과 상원사 동종 사이
하늘을 찌르다 비스듬히 휘어진 탑 끝과
천년 묵은 놋쇠자궁의 동종 사이
방한암 선사의 결가부좌 비슷한 한길과
경 읽다 다 닳은 팔꿈치의 굽이길 사이
한순간 개명開明하듯 눈 내려 환하다
사이 사이 산들은 모조지로 접은 종이학이다
그대가 곁에 있어 예전에는 마음을 모아
밤새도록 정갈히 접고 만들었던 종이학
지금은 종이학 접어 빌어줄 그리운 사람도,
사람도 아주, 아주 소식줄 끊겨
만드는 법도 까맣게 잊은 무명無明 같이
칠흑의 흰 바탕뿐인 마음눈이 내린다
오대산 월정사와 상원사 사이
유리병 안에 천 마리 학이 갇혔구나
그저 하얗게 저무는 경전의 말씀
하실 말씀이 더 없으신 눈이 기막히게 내린다
내린 눈보다 내가 더 깊고 하얗게 젖는다

세족계洗足戒

산사태 지자
개울물은 더욱 맑다

습기진 돌 틈
살모사 새끼들이
오글거리고

북향한 상봉 어디쯤
동자삼도 있을 법한데

물소리에 마음을 빼앗겨
발보다 마음을 씻어내고 있으려니

은어새끼들이 와서는
발가락 때를 빨아준다

나 같은 사람에게는
산문 앞 개울에 발 담그는 일만도
수계受戒 같아라

운주사 와불

부처님도 남녀가 같이 누우니
아름다웠다
온돌방 같은
돌판 위의 운주사 와불

사랑이었다
캄캄 눈 먼 사랑이었다
사랑도 눈 먼 사랑이 좋았다
부처님도 중생과 같았다

나는 천리 먼 길을
이 와불 한 쌍을 보기 위해
그녀와 왔다

사랑이 돌이 되어 변치 않고
그저 남녀가 누워 있는 것을 보기 위해
사랑이 돌이 되어 변치 않고
그저 일심동체면 되는 것을 보기 위해
사랑이 돌이 되어 변치 않고
그저 부처님도 남녀인 것을 보기 위해

사랑은 비움으로써 환해지는 것이 아니라
있음으로써 없음을 채우는
물상임을 보기 위해 예까지 왔다

사랑은 둘이어야 됨을
부처님은 묵언하고
행실로 보여 주고 있었다

우리 죽어서도 저 와불처럼
천만 년을 남아 있으리
내 마음 속 소망을 그녀에게
말없이 보여주기 위해 왔다

그녀가 가만히 내 손을 잡았다

암자

조그만 암자였다
천년을 견딘 마애석불이 있고
그 곁에 소나무 한 그루가 자랐다

암자에는 노인처럼 심심한 스님 한 분이 계서
세월 가는 줄 모르고
밤낮 염불을 외고 있었다

해종일 듣는 보살도 없고
이따금 글귀 어두운 산짐승만이
그 앞을 지나며 보다 갔다

새는 자기의 노래보다
염불소리가 천연스럽지 못하다고 조잘대고
바람소리는
만물을 흔드는 힘이 없다고 탓했으며
물소리는 오묘한 이치에
못 미친다고 안쓰러워했다

그런데 소나무만이
조석으로 묵묵히 그 염불소리를
귀에 담으며 자랐다

늘 제자리인 마애석불보다
소나무는 더 크게 자라서
그 그늘로 마애석불의 지붕을 이루었다

무더운 여름이면
마애불에서 스님 공덕이 큽니다
스님 공덕이 큽니다 하는 소리가
늙은이의 귀에도 들렸다

와불선사

공절밥 얻어먹는 땜으로
아이들에게 경의 글귀를
짚어준 적이 있었다

우연히 눈 맞춘 불당 밖
산도화는 그 가진 도색만으로도
능히 한 목숨 미치고야말
봄날이라

에잇 못 참겠다
떠억 드러누워서 한 손으로
경을 하늘에다 받쳐 들고
봄철 한때를 보내노라니

이 짓도 중된 마음으로 가늠하면
여간 무례하고 경칠 일 아니라
"경을 누워서 짚는 법이 어디 있소."
주지승 일갈에

"여자 사처야 내려다보며 뚫지만
경의 글귀는 하늘처럼 우러러야
뚫리는 법이네."

별

아내하고 다투고 나온 밤이면
하늘나라에 가서
별들의 틈새에 섞인다

별들의 공원 벤치는
소곤소곤 귓속말하는 연인들로
늘 따뜻하고

남들은 어떻게 사나 방문한
가정집에는
다정한 눈빛의 아내와
아기 천사가 잠들어 있다

나는 왜 저리 못사나
별들 속에 들어가 같이
이마를 맞대다 보면
좀 쓴 담요의 숭숭한 내 가슴도
어느덧 하나의 별이 된다

저 하늘 끝 별들의 학교에서
다투지 말자 사랑해야 한다
한 수 배우고 휘파람 불며 돌아오는
사내가 된다

별은 내 인생의
꿈을 묻어둔 곳이다

내 아내

서산에 떨어지는
해 같은 인생길

지기 전에 파도소리나
한 번 더 듣자고

아내 손잡아 끌어 온
서귀포

새벽마다 정화수 떠 놓고
빌어 본 적 없어도

있는 듯 없는 듯 내 곁에 살아준
세월이 고마워서

어쩜 그리 바보처럼 살았누
한 마디에

내가 바보니까
당신 인생 편했잖아요

그토록 기다려 온 난초가
왜 이 대목에서 벙글거리는지를
나는 아느니

필생

한 이름 없는 촌락의
들길을 걸어가는
사내의 등 뒤에서
심심하여, 심심하여
풀잎 하나 뜯어 풀피리도 불어보고
그것도 심심할 양이면
말없이 흰 고무신 코로
하늘도 살짝, 사알짝 밀어 올리며
한 여자가 가고 있다

금실 좋기로 소문난
내 어머니의 필생

어머니의 물감상자

어머니는 시장에서 물감장사를 하고 있었습니다. 그러나 어머니는 물감장사를 한 것이 아닙니다. 세상의 온갖 색깔이 다 모여 있는 물감상자를 앞에 놓고 진달래 꽃빛이 필요한 사람에게는 진달래꽃물을, 연초록 잎새들처럼 가슴에 싱그러운 그리움을 담고 싶은 이들에게는 초록꽃물을, 시집갈 나이의 처녀들에게는 족두리 모양의 노란 꽃물을 꿈을 나눠주듯이 물감봉지에 싸서 주었습니다. 눈빛처럼 맑고 흰 고운 마음씨도 곁들여 주었습니다. 어머니는 해종일 물감장사를 하다보면 콧물마저도 무지개빛이 되는 많은 날들을 세상에서 제일 예쁜 색동저고리 입히는 마음으로 나를 키우기 위해 물감장사를 하였습니다. 이제 어머니는 이 지상에 아니 계십니다. 물감상자 속의 물감들이 놓아주는 가장 아름다운 꽃길을 따라 저 세상으로 가셨습니다. 나에게는 물감상자 하나만 남겨두고 떠났습니다. 내가 어른이 되었을 때 어머니가 그러했듯이 아이들에게 세상에서 가장 아름답고 고운 색깔들만 가슴에 물들이라고 물감상자 하나만 남겨두고 떠났습니다

명태

눈이 내린다
에라 모르겠다 하던 일도 작파하고
가스 불빛처럼 새파랗게 타오르며
숨이 넘어가도록 사랑을 했다

계집은 파도가 칠수록
해발 6백 미터 진부령 산마루를
굽이굽이 넘고
나는 토마토 빛의 계집을 안고
창문을 활짝 열었다

아으, 클라이맥스
기총소사처럼 막 쏘아대는
눈송이들의 난사

급속냉동실에 든 듯
내 사랑도
그냥 고대로 얼었으면 하는
불륜의 끝 같은 순간이여

가스 불처럼 시퍼렇게 타올라라
휘몰아쳐라 미쳐버려라
얼어라 얼어
그것마저도 은빛 적막으로 덮어버려라

벌거숭이 알몸에 눈이 닿는
영하 20도의 용대리 덕장에는
사연 많은 우리들처럼
명태가 얼고 있었다

북태평양 푸른 바다에서
남남끼리 살다 잡혀
짚 한 오리의 인연으로
부부처럼 묶여서
한겨울 내내 어져녹져
몸 비비며 황태가 되고 있었다

토마토를 혼자 먹는 법

혼자, 60 나이에 혼자 깨어서
벌이 수놓은 토마토를
빠알간 장난감 인형의 토마토를 먹는다

신혼 때의 달아오른
밤새도록 끄응 끙 달아오른
그대 궁둥이 색깔의 둥그런 토마토를
한밤에 외롭게 혼자 먹는다

내 인생처럼 구르고 굴러서
20층 엘리베이터를 타고 올라온
토마토

그대를 생각하며
처음으로 한입 쿡 깨물어
속살이 드러나도록
사디즘의 깊은 상처를 내고
다음에는 살 냄새 짙은 젖 꽃판을
쭈우으으 쭈욱 숨 들이켜고 쭉
빨아먹는다

심심할 때마다 빠는 토마토 즙이 더 맛있다
혼자서 먹는 토마토가 더욱 은밀하다
언제나 팽팽한 육질의 토마토를
처음 입에 대 보는 양 탐스럽게 먹는다

그러나 아무리 스스로를 달래며
토마토를 먹어도
토마토는 토마토
지워지지 않는 외로움은
촉촉이 짖어 있다

잠 못 드는 이런 밤이면 하늘에서
토마토만한 별들이 쿡, 쿡 내려와
내 외로움에 수정된다

사랑의 문장

눈이 내린다
비틀비틀 초서체로
그가 간다

후들후들
다리가 떨리도록
초서체로 그가 온다

초서체로
미끄러지며
눈길 위로
그 사내는 간다

무슨 글자인지
왜 오는지 모르게
초서체로 온다

눈은 자간도 없이
그녀 집 앞에서
그친다

불륜시편
— 회춘

봄이 오듯이 그 여자가 왔다
꽃피고 새가 울었다
자연처럼 내가 초록 물들었다
늙마 인생에 그 여자가 봄으로 왔다
몸속 깊이에서
개울물 흐르는 소리가 맑았다
사람은 사람으로 하여
봄이 되고 겨울이 됨을 알았다
너는 몸의 피란 피 잉잉 돌도록
한 사내를 흔들어놓는 돌개바람이었다
사랑하는 아내와
자식은 십리 밖 등불로 아득하고
이 봄날에 나는 계집에 캄캄 눈멀었다
다른 여자가 있어,
이발소에서 갓 나와 봄볕 속에 선듯
멀쑥하게 키가 커졌었다
젊어지는 어떤 처방도 하지 않았다
여자만 있었다 드디어 불륜 같은
봄이 내습하여 죄가 되었다

알렉산드리아에서

내가 왔다. 클레오파트라를 만나는
시저처럼 안토니우스처럼
세월은 흘러도 슬프고 달콤한 사랑 얘기는
언제나 진실한 허구로 남아 떠돈다
아랍 여인을 만나러 내가 왔다
차도르 속 눈동자는 등대처럼 빛난다
에뜨랑제의 고독까지도 다 꿰고 있었다
나는 까뮈가 이웃 열사의 땅 알제에서
왜 꽃바구니를 이고 오는 오랑 시 여인들의
봄을 아름답게 묘사했는지 알 것 같다
이 뜨겁고 삭막한 땅에서는 오직 사랑만이
꽃피는 봄이다 희망이다
나는 내일이면 떠날 알렉산드리아로 왔다
이 도시에서는 차도르를 쓴 여인들이
키스는 어떻게 하는지 궁금해서 왔다
어디서부터 장미꽃잎을 깔아줄까
검은 차도르를 걷어내면 드러나는
입술과 흰 치아를 보고 싶다
아마 그러하면 붉은 석류 알을 깨물듯

내 입안 가득히 신 침이 고일 것이다
해안의 피라미드를 굶주린 듯
혀로 핥으려는 지중해의 파도가 그러하리라
지중해를 넘나드는 모든 항로를
이웃집 나들이 가듯이, 손금 보듯이
훑고 있던 알렉산드리아 등대에서
클레오파트라는 사내를 읽는 법을 배웠을까
알렉산드리아 도서관은
세계의 모든 지식들이 다 들어 있는
장서로 가득 차 있고
등대불빛은 밤바다를 읽듯이
밤새도록 쌓인 책들을 샅샅이 다 뒤지고 있었다
옆의 홍해에서 마호메트가
바다를 가르고 나간 기적까지도
조수간만의 차로 일어난 자연임을 다 안
도서관의 책들을 다 읽고 있었다
그 알렉산드리아 도서관도 등대도
다 영원히 바다 속에 침몰되거나 사라졌다
내가 왔다 내일이 와도 떠나지 않을 땅으로…

나는 이 도시의 향수가게에서
아랍여인의 타는 살 냄새가 나는 향수를 산다
낙타를 타고 사막을 건너는 별을 지닌 노마드는
무거움도 가볍게 증발하는 향수와 같다
그 사막에 텐트를 친 하룻밤은
야자수 그늘이 아니면 어떠랴
별을 보며 사랑 한 번 해보는 꿈에 젖게 한다
나는 평생 낙타를 타고
여자라는 물 찾아 헤매는 나그네였다
이 밤, 별이 흐르듯 과부가 된 초상집에는
검은 상복의 한 떼의 여인들이 개미처럼 모여
혀를 떨며 우는 소리가 들린다
동네방네 과부가 됐음을 알리는 소리다
한 남자가 죽으면 다른 사내가 그 여자의 밤을
잘 구운 빵을 뜯듯이 뜨겁게 이을 것이다
슬퍼마라 알렉산드리아는
이름뿐인 도서관과 등대와 클레오파트라를 가진
텅 빈 도시만이 아니다
지금도 벌거벗은 자들에게 옷을 입히는

지혜의 목화 꽃을 피우고 있다
문명으로 가는 돛폭도 저 목화로 이루어졌다
나는 이제야 깨닫는다 이 땅에 내가 온 것은
클레오파트라를 만나기 위해서가 아니라
목화송이같이 폭신한 여인을 만나기 위해서였다
왜 왔는지 모르던 내가 여기 와 섰다
언젠가는 투탕카멘의 가면처럼
그들의 태양신이 빛날 날 있으리라
피라미드처럼 창은 뾰족하고 화살은 하늘을 찌르고
방패는 지중해 물결을 탄 로마의 바람을 막으리라

페테르부르크의 백야

여름궁전 화려한 물줄기도 끊어졌다
우리들의 젊은 날에만 볼 수 있었던 밤하늘이었던
도스토옙스키의 '백야' 는 없다.
수많은 종교문답은 있었으나 무엇 하나 구원은 없고
죄 아닌 것이 죄가 되는
까라마조프 형제들같이 이해할 수 없는 백야다
먹장 신비 속의 별들도 다 사라진 페테르부르크의 백야다
푸시킨은 바람난 아내 때문에 결투를 신청하고
격정의 생을 마감하였도다 어리석도다
삶이 그대를 속였구나
항구의 골목에는 결투를 신청할 필요가 없는
밤의 꽃들도 더러는 눈에 띄나
나는 사랑할 수가 없다
낮과 밤의 경계가 없는 미망인데
사랑에 무슨 만남과 이별인들 있겠는가
러시아여, 러시아여, 러시아워처럼 분주한 러시아여
나는 망명한 백계 러시아의 여자처럼
눈 덮인 고향의 들판을 못잊어
이국의 어둡고 침침한 복도에 달린

백열등 알전구의 얇은 유리를 손톱으로 으깨며
뼈가 저리도록 흰 눈길을 걷듯 뽀드득 뽀드득
향수를 달래던 소리를 듣고 싶구나
고향을 떠난 망국의 백성들은 그저 허무를 안고
눈동자가 없이 희부옇게 눈을 뜨는 밤이다
혁명은 이 도시에 와 화려함을 맛 본
톨스토이나 레닌에게서 싹텄다
페테르부르크처럼 화려한 혁명은 없다
혁명 때문에 망한 사람도 있고
깃발처럼 펄럭이는 사람도 있다
혁명은 밤인가 낮인가
혁명은 곧장 선동을 앞세우지만 음모의 밤이다
밀약과 같은 음모가 없이
어찌 선전선동이 이루어지겠는가
나는 이런 날에는 어쩔 수 없이
에미르타쥬 겨울궁전에 가서
역대 러시아 황제들의 초상화를 본다
잘 다듬은 콧수염의 사내들과
한결같이 풍만한 가슴의 황비들을 본다

그 속에는 남편을 죽이고 여제가 되어
스물 두 명인가 세 명의 사내를 품에 안은
에까제리나 여제도 있다 슬프지만
어머니의 품에 안길 수 없는 나는
남자를 에까제리나보다 잘 아는 창녀의 품에 안기리라
러시아여, 러시아여 마야코프스키만이 혁명아니더냐
이사도라 던컨과 살다 자살한 예세닌도
한때 연애도 하고 혁명을 노래한 열혈청년이었다
백야의 밤일수록 오로라를 꿈꾸는 사람들은
오로라의 꿈에 절은 창녀들처럼
혁명을 헐레발을 베개로 삼고 자더라도
페테르부르크 항구에서 꽃을 피우리라
하지만 밤은 밤답게 오지 않았고
새벽은 밝지 않았다
새벽은 알에서 깨어나듯 밝지 않았다
죄 없이 돌아서는 사람 누가 있으랴
써도 써도 남는 죄 같은
불면으로 핏발선 백야만 있구나
이해할 수 없는 백야와 같이

이해할 수 없는 아름다움으로 세워진
페테르부르크다 봄이 와 꽃피듯이
아름다움은 때로는 한 치의 오차도 없는
무자비한 노동의 착취에서부터 오고
혁명은 그 판을 뒤집는 실패는 성공의 어머니
어김없이 찾아오는 백야와 같다
미망의 깨우침이다 깨우침의 미망이다
손바닥을 뒤집듯 하는 거와 판의 면들은 같다
늪지대는 늪지대로 그냥 두는 것이 낫다

저편 어디에는 아직도 뒤척이며 잠들지 못하는,
잠들지 못하는 사람들의 뜬눈의 괴로움이
오늘도 잠들지 못하는 정교회 예수와 같이 있도다

김창완

그대가 때리지 않으면 나는 울지 못하는 북입니다

1942년 전남 신안 출생
1973년 서울신문 신춘문예 시 <개화> 당선
김명인, 김명수, 정호승, 하종오, 이종욱, 김성영, 권지숙 등과 함께
<반시> 동인으로 활동
한국문예진흥원 이사, 한국문인협회 편집위원장
한국작가회의 이사 등 역임
소설문학 편집장, 조선일보사 기획출판부장 등 역임
오늘의 시인상, 윤동주문학상, 계간문예문학상 등 수상
계간문예 편집위원, 계간문예작가회 자문위원, 계간문예창작원 시창작과 교수

너무 먼 사랑

이담에 나 죽어 한 줌 흙이 된다면
바람에 흩날려 우주 밖 떠돌다

흙먼지 하나는 안드로메다에 내려앉고
하나는 신안군 장산면 아미산에 내려앉고
하나는 누이의 수틀 밖으로 떨어지고

몇 억 겁 지나야 그 흙먼지에서 꽃씨가 싹트고
네게 건넨 내 말이 꽃으로 피어날 수 있을까요
네 영혼 곁 맴도는 꽃내음이 될 수 있을까요

내 가슴 고운 빛깔로 물들이며 피어나는
꽃잎 같은 너는 나에게 무엇일까요

별이 저렇게 아름다운 까닭은

별이 저렇게 아름다운 까닭은
아무도 다가갈 수 없는 거기
멀리 있기 때문입니다

별이 저렇게 아름다운 까닭은
아무도 들어갈 수 없는 거기
어둠 속에 있기 때문입니다

별이 저렇게 아름다운 까닭은
빛을 아끼고 이껴
꺼지지 않을 만큼만 남겨 놓은 때문입니다

별이 저렇게 아름다운 까닭은
사랑하는 사람아 그대에게 주고
또 주어도 남을 만큼 많기 때문입니다

별이 저렇게 아름다운 까닭은
눈부시지 않은 광채
무한으로 열린 가슴
천 년이고 만 년이고 바라보고픈
그대의 모습이기 때문입니다

우리가 어느 별에 함께 태어나

103광년 저쪽에 입실론이라 부르는
우리 태양계와 비슷한 별이 있다는데
그 별에는 내가 어느 전생에 사랑했던
소녀가 살고 있는지도 모릅니다

나는 그곳이 얼마나 아득히 먼 곳인지를
헤아릴 수 없습니다
그래도 우리는 꿈속에서 자주 만나고
어느 후생에라도 함께 살 수 있기를 기약합니다

미확인 비행물체라도 타고
내 몇 생을 그대에게 가고 또 가서
우리가 만난다 해도
나는 그대의 외계인이고
그대는 나의 외계인
이 우주 안에서 우리는 서로 외계인일 뿐

이다음 우리의 어느 생에서
우리는 어느 별에 함께 태어나
외계인 아닌 사랑으로 만날 수 있겠습니까

그곳이 비록 몇 억 광년 머언
안드로메다에서라 한들
인연의 한 가닥 별빛이 닿아 있다면

고래를 기다리며

수평선 아래에는 바다가 있고
수평선 위에는 하늘이 있어
사리에도 조금에도 들물에도 썰물에도
수평선은 휘어지지 않았다

꿈꾸지 못한 고래는 섬이 되어 떠 있고
꿈꾸는 고래는 구름이 되어 하늘로 갔다
섬 위로 일었다 스러지는 구름을 보며
우리는 기다렸다

우리는 기다렸다
선사시대 원시인의 작살에 잡혀
암각화에 갇혀 있는 고래들이
바위로 굳어 버린 시간을 회유하여
돌아오기를

꼬리로 바다를 내리쳐 수평선을 흔들며
돌아오기를
물기둥 뿜어 올려 하늘을 깨끗이 닦으며
돌아오기를

불쑥 솟아오른 등이 움직이는 섬 되어
돌아오기를

길이 다한 곳에

길이 다한 곳에 바다가 있었다
바다에 마침표처럼 섬이 하나 있었다
그 섬에 수줍은 듯이 오솔길이 있었다

외로운 사람이여 섬에 가서 보시라
길들이 바다 앞에서 사라지는 까닭을
수평선 바라보면서 물어보고 오시라

노을이 하늘 가득 바다 가득 깔리거든
바닷새 내려앉는 섬 그늘로 가 보시라
길들이 사라진 거기 꿈길 하나 있었다

갈대의 말

우리는 우리의 칼날이 아무리 날카로워도
우리를 베지 않습니다
우리는 우리끼리 몸을 비비며
서로의 어깨 위에 머리를 얹고 삽니다
그러므로 바람 불어도 쓰러지지 않고
함께 춤추고 함께 노래하다
서리 내리면 함께 희어지고
죽어서도 꼿꼿이 서서 우리끼리 삽니다

우리는 우리보다 더 커서 우리를 압도하는
우리의 이웃을 보지 못했습니다
우리는 우리보다 더 작아서 하늘을 못 보는
우리의 이웃을 보지 못했습니다
우리는 언제나 모두 똑같습니다

우리의 뿌리가 흙 속에서 뒤엉켜 있는 것처럼
우리는 서로의 팔로
서로의 목과 허리를 껴안고 살다
서로의 주검 속에서 새싹을 키우고
서로의 뼈로 철새들의 둥지도 만들어 줍니다

마침내 겨울이 가려나 봐요

마침내 겨울이 가려나 봐요
어머니 저 창을 열어도 좋겠지요
귀 잘린 나무 어깨 잘린 나무들이
조금씩 눈 뜨고 조금씩 확인하는 게 무언지
저 창을 열고 보아도 좋겠지요

마침내 겨울이 가려나 봐요

무엇보다 더 큰 힘은 화해라는 걸
화해보다 더 큰 힘은 사랑이라는 걸
사랑보다 더 큰 힘은 자유라는 걸
개구리도 뛰어나와 바라보고
버들개지도 눈 비비며 바라보겠지요

마침내 겨울이 가려나 봐요

어젯밤에 어머니, 어머니도 들으셨지요
얼음장 깨지는 소리 고드름 떨어지는 소리에
별자리가 흔들리고 꿩이 푸드등 날고
나는 도무지 잠들 수가 없었어요
깨달음 하나가 뾰족한 싹을 틔우나 봐요

마침내 겨울이 가려나 봐요

아무리 오래 아무리 깊이 묻으려 해도
자유는 변하지 않는 금과 같아서
캐내는 이에게 눈부신 빛을 준다고
침묵으로 그래요 침묵으로 끝없는 침묵으로
밤은 그렇게 겨울이랑 동행했던 것을
어머니 당신은 아시지요

마침내 겨울이 가려나 봐요

양지바른 곳 먼저 풀이파리 돋아나고
하늘 높은 곳 치솟아 오른 종다리들이
그리도 많이 조잘거리고 싶었던 말은
햇살 속에 금가루로 뿌려질 겁니다
어머니 이제 저 창을 열어도 좋겠지요
마침내 겨울이 가려나 봐요

기러기

너희들 어디서 오는지 설운 사람은 안다
이 땅의 외진 홑섬 개펄도 얼어붙어
앉을 곳 없으므로 떠도는 너희들
기다렸다 기다림으로 말라 버린
꺾어지는 갈대로

얼굴 모르는 이모부 생사 모를 외할머니
그들이 전하란 말 가슴 먼저 미어
울며 가는 너희 마음 끼루룩 나는 안다
시옷자로 기역자로 서로 모를 암호로
말로 못할 사연으로 안타까워 우는지

울지 않는 나의 마음 너희는 안다
아파트 단지 위 하늘은 낮고
등으로 어둠 밀어 별의 잠을 깨우며
꿈 잃은 자여 한밤중 꿈 잃은 자여
또는 첫새벽 너희의 이사

주민등록표에 써 넣는 신거주지 주소
들판 끝난 곳 산이 있고 산 너머
마을 있고 마을에 사람 살고 그래서
떠도는 너희의 행선지를 나는 안다

바다의 사랑법

사랑의 생채기로 남은 바위섬을
파도는 지워 버리고 싶었는지도 모른다
닦고 쓸고 밀고 지우고 그렇게 천 년
두드리고 때리고 차고 덮치고 패대기치고
또 그렇게 천 년
길길이 날뛰고 으르렁거리고
물어뜯고 집어삼켜도
천 년이 어제인 듯 바위섬은 지워지지 않았다
그래서 파도는 마음을 바꿨는지도 모른다
사랑의 상처라면 차라리 함께 살자고
껴안고 쓰다듬고 보듬고
온몸으로 함께 뒹굴었다
파도는 바위섬을 품에 안아 어르고
바위섬의 무릎을 베고 잠들기도 했다
그러자 언제부터인가 바위섬의 허리에서
미역 다시마 듬북 굴 소라 방게가 자라더니
바닷새가 바위섬의 바위틈에 알을 낳았다

무엇이 되면 무엇 하리

우리는 무엇이 되어 살고 있는가
지아비가 되고 지어미가 되고
그러고도 모자라서 무엇이 되려 하는가

사람만 무엇이 되려 하는 것은 아니다
무엇이 되면 무엇 하랴만
너도 나도 무엇이 되려 한다
하필이면 강아지 되고 싶어 나도강아지풀 있고
여우콩 되고 싶어 나도여우콩 있다

나도밤나무 나도바람꽃 나도바랭이
나도은조롱 나도잔디 나도겨이삭
나도양지꽃 나도국수나무 나도하수오

무엇이 그렇게 되고 싶어서
너도 나도 끼어들려 하는가
가뭄에도 살아남고 겨울에도 살아남아
천대받으며 구박받으며 끼어들려 하는가

화사처럼

얼마나 더 몸 낮춰 낮은 데로 임하여
외지고 그늘진 곳 숨어 돌며 방황해야
발 없이
길 아닌 길을 헤쳐 갈 수 있을까

얼마나 더 곰삭힌 묵언으로 되새기고
혀가 갈라져도 모를 만큼 되뇌어야
귀 없이
꽃피는 소리 들을 수 있을까

얼마나 더 기다랗게 희망을 늘이고
절망을 똬리 틀어 숨죽이고 웅크려야
털 없이
냉혈 시대를 견뎌 낼 수 있을까

얼마나 더 생략하면 선 하나만 남겨서
혼신의 몸짓으로 그리는 깊은 뜻을
턱 없이
한입에 삼켜 소화할 수 있을까

얼마나 더 화려한 모자이크 무늬를
온몸에 문신하면 무지개가 되어서
깃 없이
너와 나 사이 넘나들 수 있을까

보름달 칭칭 감고 몸부림쳐 뒹굴며
빛바랜 헌 껍질은 모두 다 벗어 버려
오롯이
새살 돋는 날 그리할 수 있을까

우리의 질문서

우리가 다 쓰고 버린 볼펜은 모두 몇 자루쯤일까
그것을 한 줄로 이으면 하느님의 마음에 닿을 수 있을까
우리가 구겨 버린 원고지는 모두 몇 장쯤일까
그것을 다 쌓아올리면 하느님의 가슴에 닿을 수 있을까

눈물가스와 인쇄 잉크 냄새와
깨진 보도블록과 찢어진 원고지와
낭만이 된 시위와 사랑이 된 구호와

정리되지 않은 우리의 강의실에서
오와 열을 맞춰 밀려오는 활자들의 침묵이여
너와 나의 우리의 눈동자인 증언들이여
접으면 손 안에 들고 펴면 책상을 덮는 한 장의
종이 위에 모인 눈망울들의 타고 남은 숯이여
저 희디흰 행간 속으로 실종해 버린
아아 우리의 은어여

빨간 볼펜으로 우리가 색출해 낸 건
오자가 아니라 오염된 진리였다

뒤틀린 문장이 아니라 수식 많은 민주주의였다
삭제가 아니라 유보된 자유였다

생각이 고갈된 볼펜을 버리고
우리는 다시 가슴 가득 하고픈 말을 담은
새 볼펜을 쥐고 새 원고지 위에 쓴다
유서를 쓰듯 스물한 번째의 질문서를 써야 한다
진리는 철사처럼 구부릴 수 있는 것? 인? 가?
펜은? 정말? 칼보다? 강? 한? 가?

오래된 일기

유랑극단 따라
반도의 반쪽 세 바퀴 돌고 오니
고아원 가는 길
탱자꽃 예처럼 흐드러졌는데
아우의 소식은 까마득하다

철조망 넘으며 일렀건만
아무 데도 가지 말고 여기서 기다리라고
어머니가 준 쌍가락지 한 짝씩
나누어 가지고

유랑극단 따라
카수 안나 누나의 흐느낌 같은
색소폰 소리 같은 길을 걸어
가설극장 천막 새로 보이는 별을 보며
아우야 너를
찾으러 가는 꿈도 꿀
잠자리가 없었다

너는 지금 어느 식당에서 그릇을 닦는지
얼음과자 아이스케키
발악하듯 사람 속 누비고 있는지
고아원 돌아오는 발길에
툭 차이는 검정 고무신 한 짝
혹 네가 버린 것은 아닐까

이제 우리는 어디서 기다리잔
약속도 없이
외가락지 한 짝으로 굴러다닌다
탱자 울타리 돌아오면
더 아득한 아우의 모습

밥상 앞에서

아내가 시집올 때 가져온 은수저로
밥을 먹은 지 몇 십 년째인가
내 머리카락이 인제는 은수저 빛깔인데

오늘도 따뜻한 한 그릇의 밥
밥 옆에 내외처럼 놓인 따끈한 국
그 앞에 새끼들처럼 옹기종기 모인
김치보시기 나물접시 간장종지들

아내는 평생 밥상을 차리고
우리는 그 밥을 먹고 이렇게 살아 있구나
아하 그렇구나
아내는 우리의 목숨이구나

통일로 코스모스

너희들 여태 여기서 떠도느냐
작년에도 여기서 모가지만 늘이더니
한가위 아니라도 거닐고픈 그 거리
어째서 귀향 열차 남으로만 가느냐

파편 맞아 죽은 이는 빨간 꽃으로
배고파 죽은 넋은 하얀 꽃으로
벼 익어 누런 들판 너희 논 버려두고
여지껏 피란살이 끝나지 않았느냐
어째서 귀향 열차 남으로만 가느냐

이 길 따라 하루면 가고 남을 마을 두고
코스모스 야위어 가는 슬픈 넋이여
해맑은 햇살 속 한가위 달빛 속
너희들 여태 여기서 떠도느냐
어째서 귀향 열차 남으로만 가느냐

차윤옥

내 뼈에 구멍 뚫어 피리를 불어 줄 사람은

《계간문예》 편집주간

한국문학발전포럼 사무총장

저서 《노래하는 삶》, 《순간포착》, 《맞닿는 평행선》

《아침햇살》, 《두꺼비집》등

영역 시집 《FOR YOU 너를 위해》

수상 정과정문학상대상, 한국예총예술대상

시문학상, 사임당문학상, 서초문학상 등

한국문인협회 사무처장 역임

《월간문학》, 《계절문학》 편집국장 역임

한국문예학술저작권협회 감사 역임

조각보

학교에서 돌아오면
집에는 아무도 없었고
밥상에는 따뜻한 조각보가 덮여있었다
조각보의 무늬는 예쁜 정성으로 꾸며져
혼자 밥을 먹어도
외롭지 않았고
혼자 밥을 먹어도
옆에서 든든하게 지켜주었다
삶이 힘겨울 때
올곧게 살 수 있도록 지켜준
조각보의 그 무늬들
사시사철 허리 펼 날 없었던
어머니의 마음 조각들
사람으로 인해 힘들고
사람으로 인해 지쳐도
서로 엮이며
서로 보듬으며 살라고
하나하나
가르쳐 주었던 기억 조각들
아직도 잉걸불처럼

내 가슴 속에 들어앉아
눈을 감아도
자꾸 자꾸 떠올라
마르지 않는 그리움으로
세월의 강 따라 점점 더 커가고 있다

폐선廢船

아우성치는 격랑의 파도,
때때로 철썩철썩 울음 울 때
상처투성이의 이력履歷을 드러낸 채
밧줄에 결박되어 귀의歸依한 목선 한 척
출항을 못하는 그물에 얽힌 사연,
슬픈 조각들이 주름진 시간 속에 녹아 있다
얽히고 얽힌 그물처럼
얽히고 얽힌 우리의 삶
일출과 일몰을 투망질하는
남루한 하루
구석진 곳까지 찾아주는 밀물과 썰물

오늘도 먼 바다를 꿈꾸고 있다

두꺼비집

새집 달라고
두꺼비에게 졸라대던
기억의 뒤안길 거기
왼손과 왼팔에 힘을 주고
오른손으로 살살 두드리며
깊고 단단하게 잘 지은 집
한순간에 무너지던 꿈의 거기
늦어지는 어머니를 기다리며
지었다 허물고
허물었다 다시 지으며
하늘 향해 소원 빌고
땅에다 하늘 그리던 바로 거기
기억의 현장 바로 거기에
내가 못박혀 있다
얼마나 더 허물고 다시 지어야
빛나는 노래의 집을 지을 수 있을까

다시 봄이다

젖은 불꽃

내리고 또 내리고 종일 또 내린다
스치는 비는 종일 울어도
빗물에 기댄 내 사랑은 울지 않는다
마음 밖에 머문 발자국은 비에 젖어도
가슴에 피는 불꽃은 차마 타지 못한다

흐르고 또 흐르고 종일 또 흐른다
외길 여울은 종일 울어도
서럽게 젖은 내 눈시울은 울지 않는다
꿈길 밖에 머문 발자국은 여울에 젖어 흘러도
가슴에 피는 불꽃은 차마 젖지 못한다

내리고 흐르는 빗물 속에 젖은 불꽃이여
젖어버린 내 청춘이여

두 송이

꽃이 집니다

내 말이
그대 귀에서 지는 꽃인 줄 압니다
내 생각이
그대 가슴에서 지는 꽃인 줄도 압니다
그대는 아시나요?
그대의 말과 생각이
내 귀와 가슴에서
차삽게 지는 꽃이 아니라
뜨겁게 피는 꽃이라는 것을

내 안의 꽃
내 밖의 꽃
그대와 나의 시작과 끝입니다

내 눈에 길이 되고 꽃이 되는 그대여

나의 물푸레나무

바람 부는 날,
만리향 날리며 다가오는 별
서로 마주보고 있는 잎 사이로
떠오르는 모습이 있습니다

나뭇가지 꺾어 물에 담그면
파르스름한 빛깔의 물로 변하는 물푸레나무

물푸레, 물푸레, 물푸레나무
그 이름은 바로 당신
당신이 내 마음 속에 들어오니
나까지 푸르러집니다

마음밭에 옮겨 심은 은목서銀木犀
명치 아래께에 느껴지는 고통 쓰다듬어 주신
당신은 나의 물푸레나무가 되었습니다

분재

팔이 꺾이고 다리가 잘렸어도
한때는 뭇사람의 사랑을 받으며
희망의 나날 보낸 적이 있지요

사람들 눈에는 멋있게 보일지라도
엉거주춤 앉은뱅이 모습으로
지치고 고달픈 삶을 살았지요

햇빛 달빛 별빛 그리고 그리다가
차곡차곡 가슴에 채우던 파란 꿈
조금씩 조금씩 작아졌지요

의지대로 살 수 없는
현실에 맞닿은 어느 날
아무도 눈길 주지 않는 변두리로
서럽게 밀려나게 되더라도
현실의 부대낌 극복해 가며
가지마다 웃음꽃이 영근

그런 분재, 선물로 받았지요

달개비

어느 작은 텃밭에서 달개비 꽃 만나신 적 있으신가요?
빛깔 고운 들풀에는 시선이 가지만
저처럼 볼품없는 잎은 잡초라고 뽑아버린 적 없으신가요?
잘리고 뽑혀도 저의 강인함은
비록 하루밖에 살아남을 수 없는 보랏빛 빗방울일지언정
아주 짧은 시간 그리움으로 키워나가지요
마음의 뿌리가 잘리고 뽑혀가며
이 복잡한 세상 어느 구석진 곳에서
쓸모없이 살다 갑니다

나의 몸부림,
허공을 향한 이슬 같은 욕심
더러는 기억하고 더러는 잊어주세요
강물 같은 시간 아쉬워하지 말고
순간의 기억 속 '짧았던 즐거움' 이라고
그대 가슴에 남는 한 점 미풍이고 싶어요
내가 그대를 기억하듯

그대에게도 나의 기억이 살아있다면…

고향

바람에 문풍지 울어도
질화로엔 밤이 익어 가고
할머니 옛이야기는
매일 주인공이 바뀌었다

꿈결인 듯,
잠결인 듯
이야기 주인공은
어느 새 나로 변했다

사랑방에선
할아버지 기침 소리
대문 밖에선
야경 도는 소리
긴 겨울밤은 깊어만 갔다

그러나 지금
고향집엔 빈 질화로의 옛 이야기만
유년의 추억을 더듬고 있다

친구

산과 몸을 섞고 나면
살아온 시간만큼
세상은 너그럽다
그대와 나는
헤어질 때마다 등을 보이지만
멀리 가지 못하고
그 언저리에서 기웃거린다

바람이 불자
하늘이 흔들린다
추억도 출렁인다
그대가 기쁨으로 흔들리거나
그대가 고통으로 출렁일 때
그 흔들림은
그 모습 그대로 나에게 전이된다
그대와 나는 같이 출렁이며 하나가 된다
우리는 같은 흔들림 속에 있다
우리는 같은 출렁임 속에 있다

수많은 추억의 고리들이
우리를 엮은 채 흔들린다
우리를 엮은 채 출렁인다

아버지 생각

한 해, 두 해 꿈도 자라고, 키도 자라지만
꿈도 자라지 않고, 키도 자라지 않을 때가 다가오니
꿈도 크게 키우고, 키도 크게 키우라고 하셨던 아버지

나이를 먹을수록 사소한 일에도 노엽고
마음 편협해진다고 하셨던 아버지

나이 먹는 것이 부끄럽다고 하셨던
아버지를 생각하며 내 자신을 들여다본다

이제는 나이를 먹고 싶어도 먹을 수 없이
사진첩에 머물러 계신 아버지

아무것도 이루어 놓은 것이 없다 하시며
"나를 닮지 말거라." 하셨지만
속으로는 은근히 당신 닮아 주길 바라셨을 아버지

겉으로는 웃었으나 속으로는 우셨을 아버지
머리가 아닌 가슴으로 이해하지 못한 일들
아무리 후회해도 소용없는 일

오늘은 아버지를 생각하며
가슴 속에 간직된 그 크신 사랑 꺼내어 본다

하늘공원

저무는 가을빛 뒤로하고
산자락에 물들기 시작한 노을

산그림자 내려앉아도
외롭게 마음자락 지키며
바람 소리에
허기진 목마름 달래다가

언뜻, 당신의 아름다움은
억새의 흔들림 속에
스치듯
다시 한번
느끼며
가을빛 다 저물어 가는데

하늘은 조금 더 가까워지고
당신도 조금 더 가까워지고

가을

그림을 그린다

나뭇가지 사이로 비치는
반투명의 일몰장면을
노화가老畵家가 스케치하고 있다
박제된 시간이
그의 캔버스에서 팔딱거린다
고궁까지 찾아온 일몰이
느릿느릿 정지화면에 빠져든다
고궁에 쌓인 낙엽은
서로 몸 부비며 뒹구는데
바람이 차갑게 지나간다
만났다 헤어지고
헤어졌다 다시 만나는 수많은 인연들,
그림 속에서 뜨거운 바람 스친다

가을을 그린다

휘묻이

세월의 실핏줄을 베고 누워
울고 울다 지친 영혼
상처뿐인 기억의 저편에서
방황을 끝낸 이방인의 한
하고 싶은 말 참아내며
천륜의 가지를 묻는다

현해탄에 묻힌 아사달의 숨결
일왕의 피에도 백제인의 피가 흐른다
어둠에 갇혀있던 구다라의 맥박
오래된 진실의 눈물
허울 벗어 놓은 자리
고착된 불면의 구름을 헤집고
백제의 달이 다시 돈는다

장생포를 위하여

늘 깨어있는 섬에 다다르면
새들도 쉬어 가고 싶은
바다가 되고 싶다
바다를 배우려고 바다를 모방하고
오늘도 나를 비우고 바다를 채운다

비바람 이겨내고 밀물과 썰물로
무수한 시간 오가면서
살며시 속삭여 주었던 밀어들
이제는 아무것도 기억나지 않지만
손에 손잡고 다시 사랑을 시작한다

흘러간 시간들이 메아리 되어
다시는 돌아오지 못한다 해도
진실의 물이랑 위에 기쁨의 눈물 떨구며
나는 나답게, 바다는 바다답게
장생포를 위하여 기쁜 노래 부른다

강외숙

첼로의 사랑이여, 안단테 칸타빌레 풍으로 노래하자

시민신문 신춘문에 등단, 중앙대학교 대학원 졸업
시집 《내 영혼의 초록쉼표》 등
제10회 이은상문학상,녹조근정훈장, 상상탐구작가상 등
KBS드라마작가, 한국방송개발원연구원 역임
국제PEN클럽한국본부 이사, 한국문협 모국어위 감사
계간문예 기획위원, 한국문학발전포럼 이사, 중앙대문인회 이사 등

오이도 가는 길

가슴 가득 밀물이 차오르면
일렁이는 물살을 비우러 바다에 갔다
더는 외롭지도 않고
더는 울지도 않는
나를 비우러 바다에 갔다

바다로 가는 길은 언제나 멀었다
알 수 없는 표정의 도시를 지나면
들불이 너울너울 바람과 몸을 섞고
더러는 여윈 억새가 숨죽여 울기도 했다
퉁퉁 부은 낮달은
누운 어머니 얼굴로 따라오고 있었다

오이도 종점
횟집 사내가 그의 바다를 외칠 때
가랑잎처럼 마른 노인의 등짐 위엔
어둠이 기어 다니고 있었다

길은 있었고
길은 없었다

끝내 닿을 수 없는 섬 하나
오래오래 흔들리고 있었다

그리움은 별이 되었다

초원의 밤
말울음 소리에 선잠을 깨어
게르 문을 열고 하늘을 봤을 때
세상의 모든 별은
은빛 화살이듯 쏟아져
가슴속으로 박혀 버렸다
유목민의 바람은 풀냄새를 걸치고
미친 듯 벌판을 달려오고 있었다

바람 속에 어린 말은 울고 있는데
돌아갈 집이 있지만 쓸쓸했고
만나질 사람도 많지만 외로웠다

내가 그의 이름을 불렀을 때
그는 어둠에 가려 보이지 않고
이국의 깃발만 새벽을 휘젓고 있었다

그 밤
낯선 어둠 속에서
눈 붉은 그리움은 별이 되었다

파두 난 너의 사랑을 안다

네가 없는 저녁이다
파두
아말리아 로드리게스* 는 심장 밑바닥을 긁고
슬픔은 자작나무 그림자를 베고 누웠다
그림자엔 한낮의 뜨거운 눈물이 베었다
황홀했던 노을빛 어두운 숙명으로 풀어지면
곧 무거운 주름을 달고 밤이 올 것이다

파두
슬픔은 우리의 재산
파두
난 너의 사랑을 안다
세상의 보이지 않는 풍경 속
온축된 무늬로 새겨진 하나의 지도
수천억 별 중에 별 하나
양도 할 수 없는 현존* 이다
파두 파두…
난 너의 사랑을 안다

*프랑스철학자 메를로뽕띠-지각의 현상학에서 차용

도마

어머니의 도마
푹 파인 눈물의 분화구를 본다
지난한 삶을 다져낸 칼의 흔적
한 생애가 지나간 자리를 본다

새벽마다
도마소리에 섞이던 기도
일리아드 오딧세이 보다 긴 시
판소리 열두마당보다 벅찬 노래
어머니의 그런 기도를 먹고
신명나게 세상을 뛰어다녔다

세상의 도마가 모반의 난타를 치고
패착敗着의 한 수를 놓을 때도
자식의 아픔마저 사랑으로 버무리는
어머니의 도마는 성자의 제단이었다

어머니의 도마
무수히 날카로운 세월의 흔적 위에
아련히 스미는 눈물샘 하나를 본다

꽃나무 아래 한 사람

어느 꽃나무 아래 있느냐
멀어져 간 너는

어느 영혼의 풀밭에
젖은 눈으로 앉아 있느냐
멀어져 간 너는

내가 네게 줄 수 있는 건
여린 꽃잎 몇 장과
기억의 목록을 편집하는 일
꽃 나무 아래 한 사람
정갈하게 추억하는 일

어느 꽃나무 아래 있느냐
멀어져 간 너는

태백 역에서

희끗희끗 눈발 날리는
태백 역 플랫폼에서
쩔쩔 끓는 귀리 차 한 잔을
시인 백석에게 주문한다

그가 가져다 준 건
흰 당나귀와 바람
그들을 따라
모락모락 저녁연기 나는
산모롱이 아담한 집으로 간다

더러는 화려하게
더러는 비루하게
세상의 얼룩을 동반한 나

색동무늬 아롱지는 유년의 집에서
장작불에 엉킨 문법을 던져 넣으며
딱 사나흘만 따습게 쉬고 싶다
귀리 차 온기가 퍼지는 그 집에서

오후 세시의 자작나무

오후 세시의 숲 뜨겁다
은폐의 이파리들 결별하고
관계그물망 벗은 맨몸의 자작나무
겨울 햇살과 교신중이다
견고한 자존의 등이 곧다
존재의 실핏줄 드러난 잔가지
모호한 언어로 울먹이는데
바람은 고요히 번역중이다
오후 세시의 자작나무 말이 없다
무엇으로 사냐고 묻지 마라
산다는 건 부단히 내부를 다지는 일
치열하게 쏟아내는 명료한 문법으로
물관은 달디 달게 흐를 것이다
겨울 오후 세시
열망과 허망 사이 내가 있고
자작나무숲은 무겁다

아직도

저녁마다 바람이 서성이는 까닭은
아직도 라는 섬에 그대가 살기 때문입니다

벌판 같은 세상 어디선가
이따금 꽃향기가 날아오는 까닭은
아직도 라는 섬에 그대가 살기 때문입니다

그대 밀물이던 날
나는 거기 없었고
그대 썰물이던 날
나는 슬픔이 무늬 진 갯벌이었지만
파도가 그리움으로 출렁이는 건
아직도 라는 섬에 그대가 살기 때문입니다

저만치
송아지가 초록을 밟아 건너가는 저녁
벌개미취 피어나는 언덕이 아름다운 것도
성당의 종소리에 두 손을 모으는 것도
아직도 라는 섬에 그대가 살기 때문입니다

무 반쪽 같은 달이

어머니가 주시던
무쪽같은 달이 떴다

무 반쪽 같은 달 속에
하얀 바람꽃이 흔들린다

무 반쪽 같은 달 속에
바람꽃이 흔들리는 건
마지막 말 대신
흐르던 어머니 눈물
그 물결무늬 때문이다

나 여태 어리석어
당신 슬픔 가늠하지 못했지만
무 반쪽 같은 달이 뜨고
푸른 양귀비꽃으로 별이 핀 밤
어머니 슬픔의 힘으로
무 반쪽 같은 달이 걸어간다

석탄기石炭紀의 사랑

석탄기의 쇄설물로 수프가 끓는 아침
일흔일곱의 용서를 달고 날아갔던 사랑이
캄캄한 지층에서 잠든 기억을 데리고 왔다

사랑을 마치고 나는 죽었다
죽었으므로 기억이 없다

사랑을 마치고 죽은 잠자리의 혼일까
황홀한 그물무늬 메가네우라*의 날개로
삼억 오천만 년 전의 햇살이 춤을 춘다

누군가의 마음에 닿은 듯한데
사랑한 기억이 없다

누군가 짙푸른 숲의 노래를 불렀지만
그 무렵 사랑이 죽고 나도 죽었다

나는 사랑한 기억이 없다

*메가네우라(Meganeura)-석탄기의 큰 잠자리

국수 삶는 저녁

돌아 올 수 없는 어머니와 숲길을 간다
시금치 삶은 물빛 같은 연두를 이고 간다

1974년 여름, 어머니는 삶은 국수를 건지고 있었다
파릇한 시금치가 섞인 국숫물은 봄 풀빛 같은 연두였다
젊은 어머니가 슬픈 저녁을 건질 때 양회공장의 사이렌이 울렸다
암 병동에 누운 아버지는 사이렌과 무관한 사람이 되어버렸다
의사의 둔탁한 목소리처럼 국수 가락이 뚝뚝 끊기던 저녁
부속극장 스피커에서 울리던 오 오 오 쌔~~에 에드 무비…
황혼의 시그널은 날마다 슬픔을 데리고 와 벽을 적셨다
어머니는 더 이상 부부동반 영화를 보러 갈 수 없었다
그때는 그랬다 밥솥에 떨어지는 어머니 눈물이 끔찍해
아버지를 대신해 날 데려가 달라고 기도했었다

그때는 그랬다

돌아 올 수 없는 어머니와 숲길을 간다
시금치 삶은 물빛 같은 연두를 이고 간다

달의 뒤통수는 그리움이다

바람이 달빛을 부수는 시간
깊은 어둠을 감추고 사는
달의 뒤통수는 그리움이다

맛만 보는 인생이란 네 절규에
어머니가 꾹꾹 울던 밤같이
푸른 눈을 뜬 달은 만삭이다

끝내 한 생애가 엎어진 가을
스물일곱 고운 국어선생을 좋아한
은행나무만 육천광년 먼 곳 따라가
무량無量의 이파리 노랗게 피웠는지
살강살강 은행잎 숨소리만 애틋하다

바람이 달빛을 부수는 밤
네게 아무것도 해 주지 못한 나
은행나무 이파리마다 안부를 적고
박제된 꿈의 날개를 닦아 세워
육천광년 멀리 멀리 날고 날아
달의 뒤통수가 된 너의 집에서
네 눈물을 닦아주어야 한다

눈물무늬 첫눈

첫눈 오는 밤
나타샤도 흰 당나귀도 떠난 밤
창밖에 싸락싸락 눈은 내리고
마음 길 구비 구비 눈 덮는 밤
바람만 저 홀로 발자국을 찍는 밤

아무것도 아닌 나를 사랑하여
눈보라 헤치고 와 건네던 편지
흰 눈 닮은 첫 마음
눈물 무늬 번지던 행간이 그립다

첫눈 오는 밤
외로움만 저 홀로 흩날리는 밤
누군들 사랑 시 하나 없겠냐만
잊히지 않는 하얀 문장 하나
희맑던 문장 하나 그립다

눈보라로 멀어지던
시린 눈물무늬 그립다

안단테 칸타빌레

기차는 아무렇지도 않게 동대구역을 지났다 가슴에 구멍이 난 듯 시린 동안에도 세상은 어제와 같은 오늘의 풍경을 달고 있다. 삶의 유효기간은 예측불허, 어머니의 유품들이 차가운 언어로 굳어 있다. 수많은 기억의 깃털이 날아다니는 빈집에서…

사랑이여 떠나야 하거든
안단테 칸타빌레 풍으로 가다오
황금 햇살 수레 위에 화관을 쓰고
빛나는 추억을 그림자로 거느리며
열망했던 꽃들이 피어나는 세상
사월의 꽃잎으로 날아가 다오

사랑이여 보내야 하거든
행간의 슬픔 보이지 않게
아무렇지도 않게 손 흔드는
사월의 나뭇잎처럼 보내다오
사랑이여 떠나야 하거든
오래 된 고독을 제사지내고
피안彼岸으로 나는 새처럼 가다오

너와 나의 반경反徑

우리 알았다면
가시를 건너뛰는 법
우리 알았다면

찔레 가시에서 꽃까지 가는 길
꼭 그만큼만
우리 알았다면

너와 나
저렇게 웃는 찔레처럼
하얗게 오월을 흔들고 있을까

금동원

나는 한밤중에 깨어나 고장난 섹소폰을 고치는 사람

2003년 《지구문학》신인상 등단

시집 《여름낙엽》, 《마음에도 살결이 있어》, 《우연의 그림 앞에서》 외 다수

계간문예특별문학상 수상

국제PEN한국본부 회원, 한국문인협회 문인저작권옹호위원

한국여성문학인회 편집위원, 書로多讀독서포럼 사무국장

계간문예작가회 사무국장

우연의 그림 앞에서

오, 설레는 예감
우리는 아주 까마득한 억겁 년 전
아마도 어깨를 스치며 바람처럼 무심코
초점 없는 눈빛을 섞고 지나쳤던 것인지도 몰라

다른 공간의 다른 시간에서
같은 공간의 같은 시간에서
다른 공간의 같은 시간에서
같은 공간의 다른 시간에서

윤회의 바퀴를 멈추고 시간이 웃은 오늘,
우연이란 이름으로 퍼즐을 맞출 때
그 날이 떠오르고
그 곳이 생각나고
선명한 향기로 남은 기억의 빛깔
우리는 분명 알 수 없는 그날 그곳에 함께 있었던 거지

마음에도 살결이 있어

마음에도 살결이 있어
살갑게 다독이면 윤기가 흐르지만
못 본 척 던져두면 핏빛으로 터 갈라진다

가끔씩 삶의 시간이 길목을 막아 선 자리
희망이란 단어가 짐이 되어 질 때

서로에게 그리운 상대가 되지 못하고
문득 추억이 많지 않았음을 발견할 때

절실함과 조급함 사이에서
마지막 하나 남은 용기가 힘을 잃었을 때

그리움은 커피 맛이라고 누군가 이야기 했을 때
맞는 말이라며 박수를 쳤을 때

아무것도 가진 건 없지만 절망하기 싫을 때
감사와 아름다움이 전부이고 싶을 때

마음에도 살결이 있어
기특한 사랑이라도 듬뿍 발라 쓰다듬어 주어야한다

금동원

나의 죽음은 어디쯤 와 있는가

죽음이 너무 가깝다
편의점처럼 넘쳐나는 장례식장과
발에 채이듯 넘쳐나는 시신들
슬픔 없이 고인의 명복을 빌고
부의금의 액수로 정해진 죽음의 무게
나는 무엇을 위해 지금 숨 쉬고 있을까

벽에 걸린 죽음을 구경하고
책에 쓰인 죽음을 읽어가고
유행가처럼 들려주는 흔한 애도의 노래와
영화 세트장처럼 비현실적인 죽음의 현장들
삶 속에서 함께 호흡하는 죽음은 오롯한 생명체
나의 죽음은 어디쯤 와 있는 것일까

소낙비처럼 주룩주룩
함박눈처럼 펑펑
일기예보를 알려주듯
새벽에 눈비비면 떠오르는 죽음속보
인터넷의 검색어로 매일매일 떠오르는 죽음
잠시 슬퍼하고

미친 듯 동요하고 연속극처럼 휩쓸리다가 곧
잊혀져버리는 죽음들

나의 죽음은 지금 어디까지 와 있을까
어디쯤에서 나를 지켜보며
어떤 방법으로
나를 만나 슬픔을 전달하고
아주 담백하게 고백하고
나를 데려갈 가장 알맞은 길목을 찾아
기다리고 있는 것일까

죽음도 삶만큼 숨 돌릴 틈 없으나
살아 있는 지금은 아름다운 것임을
먼 훗날 그 언젠가
우아하고 거룩한 손짓으로
살며시 어깨에 손 얹는 날
나의 죽음과 화해하고 활짝 웃으며 따라가리라

남편*2

내 남자의 삼십대는 참 젊기도 하다
힘이 실린 눈빛은 근사하기도 하다
세상과 맞선 위풍당당한 자세와
결코 사라질 것 같지 않던 패기는
누구를 탓할 겨를도 없이 그리움으로 끝났다
사는 게 그런 거다

내 남자의 사십대는 참 강팍하기도 하다
암팡져 보이는 아름다운 천성은
깔깔한 입천장처럼 비뚤게 부풀어
잠시 자신을 돌아 볼 시간이 없었으며
삶에는 얼마간의 정신적 사치가 필요하다는 것을 깨닫는다
사는 게 그런 거다

왜 사느냐고 물으면
글쎄요, 라고 대답하는 빠른 애매함
지난 날, 뭐 있었나요
앞날엔 또 뭐 있을까요
글쎄요, 가 맞는 답이다
사는 게 그런 거다

다시 백지의 자세로 돌아갔을 때
복잡함보다는 단순함의 이치로
시간이 보상해준 터득의 힘
비움이 채움보다 가볍다는 어려운 진실과
미지수라는 희망으로
내 남자의 오십대를 물주고 가꾸고 싶은 여자
사는 게 그런 거다

당신은 내 남자다

눈시리게 투명한 날, 그런 날

벚꽃이 지고 있다
바람 한 점 없는 어느 봄 날
눈 시리게 투명한 날, 그런 날

요양원에 계시는 시어머니는 어린 계집아이처럼
점점 천진해지고
통통하게 살이 오른 복사빛 볼
회춘의 자리
짓물러 얼룩진 눅진한 생명의 자리
벚꽃도 지다가 다시 피어나는 자리
시간도 흐르다 잠시 걸음을 멈추고 서 있다

생로병사의 뜻
개똥밭에 굴러도 이승이 좋아
자연을 거스르지는 말자고 결심해보지만
지는 꽃을 다시 피울 수만 있다면
보고픈 얼굴 한 번만 더 볼 수 있다면
낙화의 아련하고 슬픈 고요를
점점 멀어져가는 목숨을 그저 바라만 보고 있다

벚꽃이 지고 있다
하얀 무덤 같은 어느 봄 밤
꽃잎 다 사라지면 연한 초록 잎 다시 돋아날까

백두산 가는 길

초록이 가득하다
장중한 하늘빛과 맑은 기운이
자작나무의 사열을 받으며
한라에서 백두까지 경건하게 달려온
후손들을 넉넉히 보듬어 품어준다

염원의 길,
집요한 그러나 부드러운 성공
한걸음, 한걸음
한마음, 한마음
백두대간의 환희로운 능선 따라
큰 희망을 위한
모든 에너지가 한 곳으로 모여든다

끝이 없어 보이던 긴 여정
인간의 소박한 꿈과
자연의 위엄이 섞여
가슴 벅차게 묻어두었던 푸른 꿈의 영광을
더욱 빛나게 한다

굴곡지고 탁한 삶이여, 모두 떠나라
드넓은 이 땅에 세웠던
정결하고 원대한 광개토왕의 발자취와
고구려의 숨결이 살아있는
우리의 환한 미소와 닮은 햇살이 눈부시다

비를 위하여
-너무 예쁜 우리말

지금 내리는 이 비는 가루비일까
잔비일까 실비일까 아니면 싸락비일까
빗줄기가 점점 굵어지는 걸 보면
발비 아니면 작달비
달구비로 내리나 싶었는데 잠시 쉬어가듯 여우비로 바뀌고
먼지잼처럼 잠잠해진다

아득한 첫사랑, 그이 찾고 싶은 밤
누리 치는 궂은비로 심란한 마음 일으켜놓고
밤새도록 도둑비가 바람비로 내린다
오란비가 오려나
무심히 가려나
해비와 단비, 목비와 꿀비 내려야
일 년 농사도 풍년드는 데
우레비 치고 마른비 오면 세상살이 곤란하다

사는 게 다 그렇고 그런 거지
일비 오고 잠비도 지나간다
떡비 내리고 술비 올 때쯤이면
일 년이 하루처럼 눈 깜짝 할 새 휘리릭 지나가고
다시 비꽃 기다리듯 봄이 돌아오겠지

발효

글을 담급니다
순 토종의 메주콩을 골라 가마솥에 삶아내듯
알알이 겉도는 말들이
장작더미 가득 품고 온몸으로 끓어오르는 동안
알맞게 물러 부드럽고 풍부해지면
마음으로 찧고 또 찧어
매끌매끌 토닥토닥 어르고 다듬어서
거칠하고 순박한 정성으로 묶습니다
파랗고 높아 휘파람 같은 하늘과
솜털 살며시 솟아오르는 햇살에 버무려서
세상 그늘에 잊은 채 매달아 두면
몸속에서부터 견딜 수 없어
애꿎은 곰팡이의 모습으로 꽃이 피는 날
그날이 내 생일날입니다
글이 시가 되고
시가 꽃이 되고
발효된 맛으로 태어난 기쁜 날입니다

세상에게 고한다

믿음은 말하는 것이 아니라 느끼는 것이다
사랑은 보여주지 않으면 떠나갈 수 있지만
우정은 설명하지 않아도 사라지지 않는다
같은 이치로 배운다
순결은 마음을 지키는 것이지 몸을 지키는 것이 아니다
의심은 가장 더러운 슬픔이며
정情은 세월이 쌓아놓은 이끼처럼 비린 것이다
존중은 뿌리 깊은 느티나무처럼 흔들리지 않으며
세월은 가벼움이 두터워져 가는 나이테 같은 것이다
가늘고 길게 살 것이냐
굵고 짧게 살 것이냐
삶도 돈 만큼이나 구려서 한동안 머리를 굴려야한다
휴대폰 단축번호의 순번만큼이나 얄팍한 존재감
일상이 주는 단순한 진리는 괴팍하다
늘 위대해 보이나 사실은 지독히 치졸하다
그래도 살만한 세상이라고 예습한다
반복하여 복습한다

오늘의 오늘 그 오늘의 오늘만을 살아갈 뿐이다

시詩

시를 쓰면 버려라 어느 시인의 말처럼
자꾸 자꾸 버리라는 그 말이
시 쓰는 게 신나야지 왼 종일 벌서듯 힘들면
쓰지 말아야 한다는 그 말이
시는 가슴에서 솟구쳐 뿜어대야지
머리를 쥐어짠다고 써지는 게 아니라는 그 말이

시가 뭔지 알기나 하는지
시, 제대로 쓰고나 있는지
시를 왜 쓰고 있는지
목숨 내놓고 쓴다는 게 뭔지 겁먹어는 봤는지

밑천이 바닥난 장사치처럼
본전도 못 건지고 이미 너덜너덜 거덜 난 것은 아닌지
껄렁하게 목청만 돋우는 건달패처럼
이리오고 저리가고 우르르 와장창 소란스럽기만 하고

인물값 하는 시도 없지만
몸값 하는 시도 없는 것을 보면
평생 번듯한 시 하나 쓰기는 그른 것도 같다
소원이라고 다 이루어지는 것은 절대 아닌 것이다

아라가야安羅國

아라가야에서 날아든 홀씨 하나
바람결에 몸속 깊이 들어와 속삭인다
아라가야를 보여주세요
아라가야를 들려주세요
마음은 온통 억새밭이다

치마폭에 담은 듯 너그러운
성산 산성의 왕궁 터엔
환청처럼 가야금 선율이 들려오고
난 아라가야의 여인이 되어
수줍음과 그리움의 작은 노래 불러본다

함안 말산리 오자등*에 오르면
처녀의 젖가슴 닮은 고분들이
수줍게 봉긋봉긋 엎드려있고
세월이 쌓아올린 적적한 고요만이
그림자처럼 길게 드리워져있다

아라가야로 돌아갈래요
아라가야로 보내주세요

땅 속 깊이 숨겨둔 아라가야의 정표를 찾아
오늘도 바람은 강으로 흐르고
긴 여로의 끝은 보이지 않는다

*오자둥: 고분군이 위치한 구릉지대

하나의 우주

–백제금동대향로*

숨 한번 제대로 쉬지 않고
진흙 속에 꼭꼭 숨어 오늘을 기다렸소
내가 살던 천 년 전이나 지금이나
나성**에서 불어오는 바람은 여전해도
세상은 많이 변했구려
시공을 초월해도 변하지 않은 것은
우주 속에서 숨 쉬는 자연 뿐인 것 같소

봉래산에 간 이유는 신산神山이기 때문이오
일흔네 개 산봉우리엔
서른아홉 마리 온갖 동물들이 넘나들고
열여섯 신선神仙들이 이곳저곳 다니실 때
다섯 악사 둘러앉아 천상계를 연주하네
활짝 핀 연꽃 사이로
스물여섯 마리 물고기는 물결 따라 세월 따라
고개 쳐든 용 한 마리 입으로 신산神山을 받쳐 물고
세 다리와 꼬리로는 세상을 끌어안고
날아갈 듯 한발은 하늘을 향해 치솟아 오르려 하네
신산神山꼭대기 여의주를 품은 봉황 한 마리
천상을 향해 날갯짓하기 시작하는구려

도교에서 나왔대도 불교에서 배웠대도
동양적 사상이건 백제의 얼이 되건
흘러간 것은 모두 역사가 되고
시간은 또다시 진흙 속에 덮여
긴 기다림의 금은화로 다시 태어나겠구려

* 백제 최고의 유물로서 국보 287호

** 옛 부여 서쪽에 있던 성

화사랑으로 모여라

신촌역에서 출발하는 순환교외선을 타고
백마역에 내리면 그곳엔 화사랑이 있다
시간은 먼지처럼 쌓여 나는 과거가 되었지만
사랑하고 노래하던 우리는 여전히 그곳에 살아있다
색 바랜 청바지에 통기타
웃음과 휘파람 소리만으로 세상을 껴안고
입 맞추며 겁 없이 달려가던 설렘이 있던 곳
청춘은 가고 없지만
사랑도 수줍음도 노래도
흑백사진 속 그녀처럼 거기 그대로 우리를 기다리고 있다

우리 기차를 타고 반드시 백마역에서 내려 걷자
화사랑에 모여 담배연기에 이별을 이야기하고
첫사랑의 재회를 꿈꾸며
텁텁한 막걸리 한 잔과 파전을 건네주고
양희은의 아침이슬이라도 불러보자
긴 밤을 지새우며 걸었던 둑길
새벽이슬을 묻히며 도망치던 젊음
그리고 사라진 사랑과 우정들
화사랑에 모여라

반드시 백마역에 내려 걸어서 오자
서리 앉은 머리카락도 주름진 미소도 모두 버리고
청바지에 달랑 기차표 한 장만 가지고 오너라
푸르렀던 날 가슴에 꼬옥 품고 화사랑에서 만나자

이용수* 내 이름을 아십니까

나는 위안부가 아닙니다
나는 조선의 딸 이용수입니다
열여섯 살 소녀였습니다
내 힘과 의지로 할 수 있는 게 무엇이 있었을까요
차라리 두려움과 공포보다 죽음을 먼저 알았더라면
삼백 명의 군인과 다섯 명의 소녀를 태운 트럭은 어디론가 떠나고
대만으로 끌려가 강간 당하고
죽음은 너무 멀어 몸부림치면 칠수록
전기고문과 폭행, 감금과 윤간
짐승보다 더러운 만행을 이겨내기에 나는 너무 어렸습니다

나는 누구입니까
알고 싶지도 알 수도 없습니다
석고처럼 피떡져 죽은 심장으로 여든일곱 살의 내가 여기에 있습니다
전쟁이 끝나고 집으로 돌아와
사십칠 년을 숨 쉬며 죽어있는 내가 여기에 있습니다
마음의 피고름과 썩은 피는 몸 구석구석을 징그럽게 쓰다듬고

만신창이의 세월은 털어내고 헹궈내도 뽀송하게 마르지가 않습니다

나는 무엇입니까
나는 어디로 가고 있습니까
나는 어디를 보고 있습니까
먼저 떠난 원혼들의 통곡소리가 들립니다
그들의 갈기갈기 찢겨 썩지 못한 살점들이 검은 강물 위를 둥둥 떠다닙니다
나는 두 눈 부릅뜨고 죽어야 합니다
눈감고는 도저히 죽을 수 없는 이 원통한 서러움과 참혹을

진실은 진심이여야 합니다
진심으로 진실이여야 합니다
역사는 정직 안에서 역사이여야 합니다
과거는 과거사가 아니라
거짓된 진실로 눈 멀어있는 지금,
죽지 않은 현대사로 살려놓아야 합니다

나는 곧 죽습니다
그러나 나는 죽지 못합니다
우리는 위안부가 아닙니다
우리는 모두 열여섯 살 꽃다운 이용수였습니다

오늘도 쉰 두 명의 이용수는 마지막 유언처럼 말합니다
"미안합니다. 잘못했습니다. 용서해주십시오."
무릎을 꿇고 진심을 담아 사력을 다한 사과 한 마디면 됩니다
우리들이 제발 편히 눈을 감고 죽을 수 있게 해주십시오

* 이용수: 2015년 5월 28일 현재 생존 할머니 52명 중의 한 분이다.
(시작 당시)
2017년 10월 17일 현재 생존자는 35명이다.

아버지

당신도 한때는 푸른 남자였습니다
눈빛은 뜨겁고 입매는 담백했던
가슴 깊숙이 품었던 연정만큼 모든 것을 꿈꾸었고
그때는 그거면 다 품은 거라 믿었던 시절
청춘도 사랑도 다 떠나고 남은 건 역겨운 세월 뿐
희미한 미소에 감춰둔 회한
이미 사라지고 없는 하얀 기억들
그래도 후회는 마십시오
아쉬움과 연민으로 동정 받지 마십시오
당당한 눈빛과 연두 빛 목소리에서
아름다운 한 남자의 푸른 일생을 기억합니다
결코 잊을 수 없는 남자
아버지, 사랑합니다

인지
생략

계간문예시인선 123

울림 詩 모음_ 시울림 오중주

초판 인쇄 | 2017년 11월 15일
초판 발행 | 2017년 11월 20일

지 은 이 | 강우식 외 4인
회　　장 | 서정환
발 행 인 | 정종명
편집주간 | 차윤옥

펴낸곳 | 도서출판 계간문예
편집부 | 03132 서울 종로구 삼일대로 30길 21 종로오피스텔 808호
주소 | 03132 서울 종로구 삼일대로 32길 36 운현신화타워 305호
전화 | 02-3675-5633, 070-8806-4052
팩스 | 02-766-4052
이메일 | munin5633@naver.com
등록 | 2005년 3월 9일 제300-2005-34호
ISBN 978-89-6554-166-0 04810
ISBN 978-89-6554-118-9 (세트)

값 10,000원

잘못 만들어진 책은 바꾸어 드립니다.

이 도서의 국립중앙도서관 출판예정도서목록(CIP)은 서지정보유통지원시스템 홈페이지(http://seoji.nl.go.kr)와 국가자료공동목록시스템(http://www.nl.go.kr/kolisnet)에서 이용하실 수 있습니다. (CIP제어번호: CIP2017030883)